अपनी बात

एक आम हिंदुस्तानी की रोज़मर्रा ज़िंदगी का अवलोकन…. "अपनी बात"..

BY

जयेश कुमार वर्मा

ISBN 978-93-5438-631-2

© जयेश कुमार वर्मा 2020

Published in India 2020 by Pencil

A brand of

One Point Six Technologies Pvt. Ltd.

123, Building J2, Shram Seva Premises,

Wadala Truck Terminal, Wadala (E)

Mumbai 400037, Maharashtra, INDIA

E connect@thepencilapp.com

W www.thepencilapp.com

Author biography

परिचय:-

जयेश कुमार वर्मा,

सेवानिवृत्त वरिष्ठ प्रबन्धक, बैंक ऑफ बरौडॉ (देना बैंक)

एम.ए. समाज शास्त्र, सी.ए. आई.आई.बी,

जन्म: बालाघाट, मध्यप्रदेश, 11जुलाई 1956,

सम्प्रति:स्वतन्त्र लेखन, कवितायें,

निवास: 94, इंद्रपुरी कॉलोनी, ग्वारीघाट रोड, जबलपुर, म.प्र.

Email: jkverma56@yahoo.com

jkverma56@gmail.com

Contents

कभी ऐसा होता..

कभी ऐसा होता...

कभी ऐसा होता, सुर्ख रगों की,

माँ के उस, आंचल की, पोटली बनाऊ,

संजो रखा जिसे, अब भी,

अब तक जो देखता आया सपनें,

पूरे, अधूरे, खिलोनों से टूटे, बिखरे,

बचपन, जवानी, से अभी तक,

मन में सँजोये, वो चेहरे,

जिनकी यादों भर, से,

स्पर्शों के लिये,

तरसते अब भी

इस मन को लिये,

दूर कहीं, चलता जाऊँ,

जहां मिलें मुझसे, वो सब प्यारे,

जो मुझे मेरी, पोटली को देख,

चिल्लाते दौड़े, जैसे बहुत दिनों के,

बिछड़े को देखा हो, वो सब मुझे भरलें

अपनी बाहों में, लडलें आपस में,

पहले में, पहले में,

फिर अपने आँचल की

"

पोटली पहचान, माँ आ जाये,

कहे कुछ नहीँ,

बस सर पर हाथ फेर मुस्कुरा दे,

वैसे ही जब, वो रोज़ यही करती थी,

रोज़, जीवित, घर लौटने पर साथ मेरे..

कभी ऐसा होता, साथ मेरे..

~जयेश वर्मा

बधुआ..

बुधुआ...

बुधुआ एक नाम नही है एक जीवंत अर्थ है,

भारत का लिखें इतिहास, बनाये

कितने ही शिला लेख,

यह नाम हो हर जगह,

नीचे किसी कोने ज़रूरी है,

बुधुआ पाया जाता आज भी

सदियाँ से ये मरता नहीं है,

जैसा पहले था मन क्रम बचन से,

मूक परिश्रमी, वाचाल नही है,

बुधुआ आज भी है वैसा ही है,

सदियों बाद भी वैसा ही है,

जो खाली पेट रोटी की आस में

तोड़े अपने हाड़, दिन रात,

कहता कुछ नही है,

ऐसे नामवर की चाह

हिंदुस्तान में हर कही है,

देश का कोई भी हो प्रांत, शहर,

गाँव, नाम अलग हो भले,

अर्थ सहित बुधुआ वहीं हैं,

हर कोई चाहता उसे,

पर वो लोकप्रिय नहीं है,

वो एक किसान, हम्माल है,

खेतिहर मजदूर, मज़दूर,

हर सृजन का आरंभ वही है,

कहते उसे, चाहकर सब जन

उसको बुधुआ ही, खेती हो किसानी,

कोई हो काम, आरम्भ बुधुआ से ही है,

सभी चाहते रहे वैसा ही, सदियों से जैसा है,

बहुत हुए प्रयास

सुधरे इसकी हालत,

बने वो भी आम आदमी सा,

नही रहे हमेशा सा दबा कुचला,

पर कमोबेश आज भी हालात वही है,

बुधुआ बुधुआ है, वो बुधुआ है,

हिंदुस्तानी समाज का अंग,

उसके दैनिक जीवन का पायदान वही है

बुधुआ समाज के,

सदियों से कुत्सित प्रयासों का

प्रतिफल ही है,

जिसका स्वार्थ, ना बदलने देता नाम उसे

इसलिए आज भी बुधुआ यहीं कहीं है,

देश में बुधुआ हर जगह, हर कहीं है,

बुधुआ......

~जयेश वर्मा

मेरे मोहल्ले की खबर

मेरे मोहल्ले की खबर..

मोहल्ले में, हमारी ही रंजिशों ने हमें खुदगर्ज़ बनाया है,

वक़्त भी क्या करे किन खुदगरज़ो की सुने, पहले,

पहले उनकी जिनने रँज़िशों को दिल में समोया, अपने,

या उनकी जिनने खुदगर्ज़ी को

अपनी आँखो से ना दिया, बहने,

ये मोहल्ला ही हुआ है, बैनूर,

लोंगो की खुदगर्ज़ी, बदगुमानी, बेहयाई से,

वर्ना मोहल्ले में तो अब

हवाएँ ही पूछती हैं, खैरियत पड़ोसी से,

छोड़ आया था, वो हंसी, गुलाब, गुलिस्तां, बागबाँ, सारा,

क्या हुआ लोगों को, शंकित सी हैं,

हवाएँ, सहमा जहाँ, सारा,

लोग, फिरते हैं तो आसमाँ सर पे ले के चलते है,

जैसे खुदा की खुदाई जेबों में लिए फिरते हैं,

मोहल्ले, मोहल्लों की यही है, हालाते खबर,

दिली मोहब्बत लिये अब कहाँ,

वहां मुस्कुराते चेहराये इंसान, मुकम्मल हैं,

बादे सबा भी जहां,

लोगों का चेहरा देख के चलती है,

मुझे मेरा मोहल्ला, जहां लौटा दो, वही,

हंसी, गुल, गुलिस्ताँ, बागबाँ लौटा दो, वही,

बुलबुल ज़िंदा है, अभी वहां,

उसकी खैरियत का पता तो दो, जी,

~जयेश वर्मा

रात..कुछ शेर

रात...

ठंड की रात, लिहाफ़ों में दुबके, चुप थे लोग भी,

खिड़कियां ताकती, गलियां, गलियां खामोश सी,

~जयेश वर्मा

देख रहा था गली के आखरी मकाँ को, सोयी वो थी,

जाड़े की रात, बिना लिहाफ, चिथड़े ओढ़े, गरीब थी,

~जयेश वर्मा

ऐसा क्यूँ होता नहीँ, बेग़ैरत ज़माने के साथ, सोचता रहा,

रात जो सोये दुश्वारियों सा ज़माना, सुबह हो बदला हुआ,

~जयेश वर्मा

इन रातो में ठंड किसी को, ना बहुत महसूस सी हो,

भूख ना हो किसी को, आँखो में गहरी नींद तारी हो,

~जयेश वर्मा

सुबह दिन का आगाज़ उम्मीदों के साथ लो वो चला दिन,

जो किया आपने दिनभर था प्रतिसाद, शाम, वो, डूबा दिन,

ज़िन्दगी अनवरत जीती जाती हर शाम, यही पल, हर दिन,

रात समेटती काम सभी, देती दिन, को वो विश्राम हर दिन,

~जयेश वर्मा

मुस्कुराने के लिए, हमने दिन से कहा, फिर कभी हम सोचेंगे,

समेटो अभी गम मेरे, रात से कहा हमने, अभी हम ना रोयेंगे,

~जयेश वर्मा

आज फिर रात तो है, बहुत गहरा गयी है, लोग हैं सो गए,

वो देखती खिड़की से ठंडी सड़कें वो आये के अब, आयें,

~जयेश वर्मा

कुछ शेर

कुछ शेर...

अब कोई पूछता नहीं,

क्यूँ कुछ सुनाते नहीं,

जानते हैं अब भूल जाता हूँ

कुछ याद आता नहीं...,

~जयेश वर्मा

रोज़ आईना देखता हूँ, कि, चेहरा कितना गुज़र गया,

अजीब सा लगा देखकर ये, रौनक बढ़ती ही, जा रही,

इलाही क्या हुआ मुझे, या तूने अपना नूर बरसा, दिया,

मन्ज़िल पे पहुंचने का इत्मीनान, मेरे चेहरे पे ला दिया,

~जयेश वर्मा

हम, सफ़र में आये, नये नये थे, मुकाम भी नये थे,

हम सोचें करें, आगाज़ की, मशाल ले वो, आ गये,

सफर हुआ आसान सा, मन्ज़िले भी, फतह सी,

सफर भी खत्म सा, कि, रहनुमा हमारे साथ था,

~जयेश वर्मा

रोज़ कुछ शेर..

रोज़..कुछ शेर....

गुज़रे ज़माने की याद सा, फिर, याद उसने किया मुझे,

हवा, सा मुझको बाहों में भर सांसो में भर लिया मुझे,

कोई हश्र कोई मुकाम, ज़िन्दगी का अभी आया नहीँ,

खत्म होती, जाती राहें, सफर खत्म भी होगा, पता नहीं,

फिर सुबह हुई, फिर शाम हुई, हर, रात, यही, सोचता रहा,

कोई, ना गिला शिकवा, सा, सिलसिला यूँही चलता रहा,

~जयेश वर्मा

ज़िंदगी..

ज़िन्दगी...

तुम से ज्यादा हमने मौसमों को बदलते देखा है, मगर,

तुमने मौसमों को, भी अपने लिहाज़ से ढाल के, रखा है,

यूँ तो गुज़र जाते हैं लोग, चुपचाप आकर, इस दुनिया से,

याद वे ही किये जाते हैं, जो आसमाँ ही सर पे उठाते हैं,

ये ज़िन्दगी मिली है हमें, माँ बाप की, दुआ, अरमानों से,

जियो इसे ज़िंदादिली ऐसे की, हर कोई तुम पर फक्र करे,

~जयेश वर्मा

हमें भी, ऐसे मिले, इस ज़िन्दगी में कुछ यारां,

जिनने दिया स्नेह, हमेशा, सलाहों, का सहारा,

उनकी महक से ही गुलज़ार है, चमन हमारा,

आप, जैसे ही बनाते हैं, गुलिस्ताँ, इसे न्यारा,

ऐसे अज़ीज़, दोस्त को, हमारी ये शुभकामना,

चहकते, महकते रहें, यूँ ही, मुस्कुराते रहें सदा,

~जयेश वर्मा

रात और दर्द

रात और दर्द..

आज शाम की तन्हाइ नहीँ, वो मेरे साथ है,

रात आनी है बाकी, मेरे अरमा कुछ खास हैं,

~जयेश वर्मा

वो बस मौन ही भोगते रहे, उसे, यूँ, चाहते रहे

जब, सब खत्म था, रातों खतों को पढ़ते रहे,

~जयेश वर्मा

कोई, दर्द सा, चीखा मुझमे, मेरा मन टीस उठा,

रात यही चलता रहा, दर्द, सा मन टीसता रहा,

~जयेश वर्मा

ज़िन्दगी भर जो दूसरों के लिए दुख, हँसते रहे,

चीर गये दिल मेरा, वो, अपने ही, गम पे रो दीये,

~जयेश वर्मा

कहते हैं ऐसा, रात माँ की लोरियों को,

भगवान सुनने आते हैं,

सारी बलाएँ भाग जाती हैं,

नः:न्हे, से बच्चे गोद मे सो जाते हैं,

हम बूढ़े तो हो गये, माँ नहीं, है,

अब उसकी बहुत याद आती है,

क्या भगवान आते हैं, अब,

जब, यादों में माँ लोरियां सुनाती है,

~जयेश वर्मा

विवाह वर्षगाँठ..

विवाह वर्षगाँठ..

आज ही बंधे थे, तुम दोनों इस बन्धन में,

मुझे याद आते बरबस, वो यादों के उजाले,

वो तुम दोनों, अपने सपनाँ में खोये, मुस्कुराते,

आसमान से बरसते, अपनों के स्नेहाशीष, सारे,

आज गर्वित हैं हम, देख

तुमने अपने बन्धन यूँ, सँजोये,

सच है, एक दूजे को पूर्ण समर्पण ही,

दांपत्य जीवन का मूलमंत्र है, यही,

कितना मधुर होता, साथ, साथ रहने का एहसास,

ये, जन्मों का नाता हर पल ही एक दूजे की चाह,

बनी रहे, तुम दोनों की जोड़ी,

चमकती रहे, आसमाँ में

चाँद सिताराँ की तरह,

हर बरस ऐसे ही बीतें, हंसते गाते,

फलो फूलो बरसो बरस, बेटा,

स्नेहाशीष, आशीर्वाद,

विवाह वर्षगाँठ की

हार्दिक शुभकामना..

~जयेश वर्मा

भैया भाभी..

भैया भाभी....

कुछ लोग रिश्ते से, भी परे, बड़े होते हैं,

जिनकी याद ही, बढाती मनोबल हमारा,

हमेशा आश्वस्त करती, की वो हैं, साथ, हमारे,

हमेशा, हमारी पीठ थपथपाते,

एक रिश्ता, एक एहसास, हमेशा, साथ, हमारे,

समय कितना, प्रवाहित हुआ, नर्मदा के धारे,

वे आज भी अडिग, जीवंत प्रतिमान,

शिलालेख हैं, इस घर के संघर्षो के हमारे,

सच है कि जब माँ पिता के

अधूरे सपने, टूटते से लगते हैं,

बड़े बेटा बहू ही वास्तविकताओं से लड़ते हैं,

गुज़र गये ज़माने, कौन करे,

अदूरदर्शिताओं, का, लेखा जोखा,

भैया भाभी, के, अथक प्रयासों से ही सवंरा,

इस घर का इतिहास हमेशा,

आज इस घर के, हरदिल अज़ीज़, युगल को,

सबकी कृतज्ञ शुभकामनाएं,

वरद हस्त रहे आप दोनों का हम सब पर,

यही हम सबकी कामना...

शुभकामना...

~जयेश वर्मा

बहू...

बहू...

बहू गांवो में, बैल गाड़ी, का, जुआ,

लगता है यह किसी ने

सही कहा है,

नेह से बांधे जो, उसने

सम्बन्धो के धागे,

आशश्वत हुआ घर का भविष्य,

कृतार्थ हुए सब पूण्य हमारे,

अब तक यही देखा है, घर में,

पाया उसको, परम् सन्तोषी, सौहार्दी,

घर की नींव दृढ़ करने,

सांसारिकता,

का जीवन, मंत्र यही है,

इस घर मे बहू, सुखी रहो,

सबको रखो सुखी, पाओ

अपनों के सुख में सुख,

जीवन का आनन्द यही है,

~जयेश वर्मा

किरायेदार...

किरायेदार...

इस संसार के आप

मालिक ही सही,

हम किराये दार हैं,

आप हमें साथ,

लेके चले, ना चले, क्योंकि,

समय आपके, साथ है,

उड़, जाते है, हर रंग,

गुलिस्ताँ से,

वक़्त की आंधी,

के आगे, किसकी,

क्या बिसात, है,

कितने, कबीर,

फकीर, गाते रहे,

सब माटी के पुतले,

उसके ही किरदार हैं,

समझगें, , दोनों,

उस दिन, जिस दिन,

ये, पुतले, माटी में
मिल जाएंगे,

कॊन , रे, मालिक
कौन, किराएदार, रे,
ये मौत ही समझाये, रे,
ये मौत ही समझाये...रे,
~जयेश वर्मा

में और वो..

में और वो....

बार बार याद आते वो पल, थे हम दोनों साथ, जाने कहाँ थे,

हाथो में हाथ थे, बहते अश्क थे, हम दो दिल, एक एहसास से,

लम्हा लम्हा दिल भीगे, अश्कों से तर, नैन सजल हुए,

उसे ना थी कोई जल्दी, शिद्दत से पकड़े थी हाथ मेरे,

ज़िन्दगी चली बीतने, कुछ बीते, लम्हे आने लगे याद मुझे,

ज़िया वो पल, उसे जीना, थी वही, ज़िन्दगी सब याद मुझे,

कुछ ते तो, ना था बीच हमारे, हमसफ़र, थे, सफर खत्म सा,

चुप चुप सी, उनकी, आंखे, यादों का, बस, एक, ऐहसास सा,

~जयेश वर्मा

बीबी और ज़िन्दगी..

बीबी और ज़िन्दगी

देखकर बीबी को, अब भी, रख लेता हूँ, में, यूँ सीने पे हाथ,

देखती, जब, वो, बांकी अदा से, रखती, यूँ, मेरे, हाथों पे हाथ,

अब भी धड़क जाता ये बेचारा दिल, देख उसकी वो बेबसी,

होती, उदास, देख, चेहरे की लकीरे कभी, ज़ुल्फ़ों की सफेदी,

उसे खुश रखना बहुत, नामुमकिन नहीं, है

वो बहुत आम सी है, मेरे दिल में रहती है,

~ जयेश वर्मा

हर दिन डूबता जाता, रात फिर मेरे खाते में एक दिन लिखती,

हर दिन के सफे, सी रोज़, किताब में ज़िल्द हो जाती ज़िन्दगी,

ज़िन्दगी मेरी भी, एक दिन, किताबों में लिखी जाएगी,

वो दौर भी आएगा, जब, मेरी ये ज़िन्दगी गुज़र जाएगी,

~जयेश वर्मा

घर की याद..

घर की याद..

में अपने पीछे

छोड़ आया था,

हवायें,

एक छोटी सी बगिया,

क्या गुलाब खिले हैं,

गेंदा फूलें हैं, धूप आती है, या,

आँगन अब भी उदास है,

पीपल, नीम के क्या हाल हैं,

तुलसी का बिरवा सूखा तो नहीँ,

माली की लड़की की शादी कबकी है,

दे देना कुछ रुपया, आप ही उसे,

कह रहा था, आ जाना साब,

आपसे, बहुत आस है..

~जयेश वर्मा

पत्नी..

सुंदर छवि,

लिये अतीत, में, सौम्यता, सादगी,

से भरी, जीवन गाथा,

निर्मिमेश, आंखे देखतीं

आने वाले समय का लेखा जोखा,

टकटकी लगा देखतीं,

विस्मय से, बहती समय की धारा,

अजीब लोग, अजीब, इनके फसाने,

कैसा बदल गया, ये जहां सारा,

फिर भी छोड़ी नहीं आस,

हासिल किए, जीवन के हर मुकाम,

अडिग है, आत्मविश्वास इनका,

किया घर का नाम रोशन, स्थापित किये,

सबके लिए जीवन्त प्रतिमान,

धन्य है मेरी पत्नी साधना..

~जयेश वर्मा

जिज्जी...

जिज्जी....

उसका, संघर्ष मय अतीत,

उसका जूझता चेहरा,

पहले हमारे लिये,

फिर अपने लिये, जूझता, रहा,

कितना ही झेल ले,

उनका चेहरा बतलाता नहीं,

अभी अभी कोई दर्द रुला गया,

उन्हें अकेले में,

सहते सहते, भी दर्द,

मुस्कुराती रही, सबके लिये,

माँ का किरदार अदा, किया बखूबी,

सबके लिये,

आज, फिर उम्र का पड़ाव,

फिर वही यादों का सैलाब,

जन्मदिन तुम्हारा, है, जिज्जी,

तुम फिर मेरे, हृदय में एक साल और

बढ़ गयी, मुझसे बड़ी हो गयीं, जिज्जी

क्या कहूँ, तुम्हे याद कर,

मन भर जाता, कभी कभी,

हम चारों को, कैसे,

माँ सा सहेजा, तुमने कभी,

जब सफर खत्म सा है, सबको,

तुम्हारा साथ माँ सा लगता है,

जानते हैं, सब, मानते हैं, मांगते है,

सबके, दर्द अपने अपने से, हैं,

फिर भी तुम्हारी याद, तुम्हारी छवि,

सुकून देती, हमें, उस दर्द से परे है,

तुम्हारे, लिए, जिज्जी,

हम करते उससे दुआ,

हर जन्म, हम सबको मां सी,

मिले, यही, बड़ी, बहना

जिज्जी....

~जयेश वर्मा

मेरी बीबी...

मेरी बीबी..

मेरी बीबी है जो, इधर उधर, दिन भर, दौड़ती रहती,

भागती रहती, दुआ करती रहती सबके लिए, यूँ ही,

करती रहती है, सबके लिए इसके लिए उसके लिए,

पूछती, दवा, जब दुखते, हाथ, पाँव, कभी, अपने लिए,

कभी लगता है कि, हथेलियों में उठा, लूँ उसे,

या, पलको में सजा लूँ उसे, उम्र भर के लिए,

हद तो यही थी, ज़िन्दगी भर सोचकर, ये, करना पाया, में,

गुजरती, गई, उम्र, उसकी, दो पल, का सुकूँ, दे ना पाया, में,

जब होती वो शायराना, मेरा दिल, चीर देती उसकी बातें,

किसे था वक़्त सुबह ओ शाम कि, उसके लिए भी सोचें,

~जयेश वर्मा

चिड़वा एक बाप..

एक बाप..

चिड़वा, जो एक बाप होता है, बदहवास सा परिंदा होता है,

ज़िंदगी भर दाने, घोंसलें का ख्याल, बच्चों की परवरिश, में लगा,

कभी सोचता डाल पे बैठा, कभी देखता, मौसम को बदलते,

देखता, रुत बदलती, उड़ जाते, बच्चे, हमेशा, ना आने, के लिए,

कह रही थी, चिड़िया, मन लगता, नहीं, अब, चलो कहीँ उड़ चलें,

जंगल में अब कहां, वो रौनकेँ , उड़ गए रंग, फूलों पत्तो के,

एक बदहवास सन्नाटा है, फूटते बोल नहीँ अब चिड़ियों के,

अब कहाँ का मन, मन सम्हाल सुन मेरी चिड़िया, कहा, मैंने,

उड़ ले, कुछ दिन औऱ मेरे साथ, डाली डाली, रहले घोंसलें में,

किस दिन कोन रह जायेगा अकेला, तू या में इन, वादियों में,

रहेगा, जो, भी, कर लेगा बसर, ज़िन्दगानी, एक दूजे, की यादों में,

~जयेश वर्मा

इन्तहां...

इन्तहां..

ज्यादती की इंतेहा ना करो की ज्यादती हो,

तुम ही हो, तुम्हारे ही हिस्से ये वहशियत हो,

रँगे हो, हाथ तुम्हारे ही, बेगुनाहों के खूनों से,

तारीख देगी गवाही के तुम ही गुनहगार हो,

ये फिर हुआ, किताब लेके हाथ मे, फिर नंगे हो गये,

खंज़र चुभोते, रहे, वो, आंखों में, दीनो अमल भूल गये,

जब तक खून में ही, ये रहेगी, हैवानियत, इनका सबब,

खत्म कर देगा इन्हें, डुबो लेगा, दुनिया का ये, समंदर,

~जयेश वर्मा

बच्चे हमारे

बच्चे हमारे..

फिर याद आएंगे वो दिन,

भूला ना, पायेंगे, वो दिन,

समय ले गया,

अपने साथ, जिन्हें,

कब लौट पायेंगे, उनके

बचपन के, वो दिन,

बच्चों के हमारे..

अब सब, बड़े हो गये, सयाने से,

अब सिखाने लगे, हमेँ, फिर भी,

डगमगाते जब, पाँव हमारे,

हरदम उठते, उनके,

ततपर, हाथों के सहारे,

बच्चे हमारे...

तूफान, कितने ही आये गये,

जीवन में उनके, हमारे,

वे, डरे नहीँ, गिरते, सम्हलते,

बढ़ते ही, रहे आगे ही आगे,

बच्चे हमारे...

बहुत तृप्त है मन, ये देख,

बच्चों में, फलित, हुए,

हमसे ज्यादा,

जीवन संस्कार, हमारे,

बच्चे हमारे...

देश प्रेम, संस्कार, फलें,

घर घर में, हों यही, उजाले,

यही अब कामना, मन में हमारे,

मन में हमारे..

बच्चे हमारे...

~जयेश वर्मा

कारवाँ...

कारवां...

हर कहीं बना लेते हैं, ये, आशियाँ अपने,

कितना आसां है ज़िन्दगी बसर करना,

चल दिये, चले, तो फिर कारवां बन गये,

ये कितने मुनासिब हैं इस सफर के लिये,

रुके, रुके तो आशियां फिर, बना लिये

भटके, दर बदर, ज़िन्दगी, बसर के लिये,

परेशानी का सबब बनते जा रहे, ये टपरे,

कहना है, मुंशीफ का मोहल्ले के अपने,

~जयेश वर्मा

समय और याद...

समय और याद..

किसी की याद भूल जायें, अब,

हम, क्यों किसी को याद करें,

जिन्हें ये दिल रात, दिन, याद करे,

वो हमें ही भूल जायें, तो क्या करें,

इस गुज़रते समय के कदमो ने,

क्या बताएं हमे, कितने, निशाँ, दिये,

बदले बदले मेरे चेहरे के कोन अब, निशाँ, गिने,

बगल से निकल जाते, हैं, कि, नहीँ, पहचानते, हमें,

क्यों, रखे रहते हो, दिल पे हाथ, कि,

थक गया है ये, दिल, सहते, सहमते,

~जयेश वर्मा

नव वर्ष

नव वर्ष..

2020 वर्ष गया, मन को तो संतोष हुआ,

गया मन को आघात दे फिर भी दी दुआ,

रिश्तों, नातों, बातों, जीवन का पुनरुद्धार हुआ,

जीवन को, पढने फिर जीने का मंत्र बता गया,

वह वर्ष भर जताकर प्रश्न ही हमसे करता रहा,

युगों युगों तक उसके उत्तर मानव ढूंढता रहेगा,

नहीँ पढा, गए साल का पाठ, जीना कठिन होगा,

छोड़, पुरानी दम्भी बातें, सरल ही तो बनना होगा,

2021 का करें हम सब हृदय से स्वागत, अभिनन्दन,

वो आशाओं, सफलताओं का विस्तृत आसमान होगा,

~जयेश वर्मा

दादा

दादा...

एक चेहरा यूँ ही, सरे राह मिला था, मुझे,

इस ज़िन्दगी के रंगमंच पर, निर्देशन करते मिले मुझे,

जीवन के गूढ़ अर्थ, हर पात्र के अभिनय में कहते गए,

देखा, यूँ बांटते रहे ज़िंदादिली, हर पात्र को चलते चलते,

उन आँखो के हम, कायल हुए, मुरीद हुए,

हम सब, चलते रहे उनके, पीछे पीछे,

उन्होंने जो पाये जीवन के मूल मंत्र,

फूटते उनके बोलों से वही जीवन के मर्म,

कभी सोचता उनका दिल है, या इक सराय,

मिली सबको पनाह जो बन्दा हो चला आये,

ज़रूरी नहीँ, समविचार हों,

बस इंसानियत का झंडावरदार हो,

बिरले ही मिलते, ऐसे

ऐसे हरदिल अज़ीज़ दादा को मेरा प्रणाम,

होता रहे अनुभूत उनका सृजन,

मेरे, जीवन पथ पर अविराम, अविराम,

~जयेश वर्मा

जाने क्या बात है....

जाने क्या बात है..

नहीं ना करो, मन को छोटा,

वो सब बहुत याद आते, तो आने दो,

खुले रखो घर, मन, के दरवाजे,

क्या पता वो ही आते हों,

अतीत आहट नहीं करता,

पता नहीं मन पे कब, हावी हो जाता,

नेह के बंधन कसकते,

क्यूँ मेरा मन उनके लिए, आजकल रोता,

जब सब रहते खुश, मेरे भाई बहन,

मेरे दर पर दे जाती हवाएँ,

खुश खबर, खैरियत की दस्तक,

हर पहर, दिन भर, रात भर,

कुछ दिनों से लग रहा है,

हम में से कोई उदास है, आजकल,

हवा भी, कुछ बैचेन सी है,

मन सोचता, जाने क्या बात है,

बहना, की तबियत,

फिर खराब है,

नासाज़ है, इन दिनों,

बता रहे थे, कुवंर जी,

छोटी बिटिया माँ का,

रखती, खयाल, है,

अभी कुछ दिन रहेगी,

फिर जाएगी अपनी नोकरी पर,

आँगन में हवा तेज है, ,

सूखे पत्ते उड़ रहे, ,

तुलसी के बिरवे को, पानी देते,

फूल, पौधौं को सहेजते,

ये बता रही थीं,

वहां के हाल ये,

जीवन के उतार, चढ़ाव,

नोकरी, बीमारी,

एक आम सी बात है,

समय के साथ,

सब हो जाता है ठीक, पर

आजकल ज्यादा ही

उद्वेलित कर जाती, खबरें,

मेरा, मन,

जाने क्या बात है,

जानें क्या बात है...

~जयेश वर्मा

हम लोग....

हम लोग..

उन फिज़ाओं गुलाबों की करते करते याद, हम,

कांटो का था, वो कैसा हिसाब, सब भूल गए हम,

एक अगन लगी दिलो में, आंखों से थे, शोले बरसते,

कहाँ गये, वो मुस्काते चेहरे, अब मौन से, थे सन्नाटे,

कह ना पाये जो, दास्तां, उनसे, ये मलाल, आँखो को रहा,

अश्क बह गए, सो गया, वक़्त, ही, अब, याद, कुछ, ना, रहा,

अज़नबी हमसफ़र देख कर रो दिया,

एक चेहरा फिज़ाओं में गुम हो गया,

लगने लगा था वो, मुझे, अज़ीज़ सा,

हवा का झोंका था, मुझे अच्छा लगा,

रोज़, बादल, पानी, हवा, मौसम का मिजाज,

अब हमारी उम्र के, लोग करते हैं यही बात,

हम जानते, सब, ज़माने से, नही करते अब शिकवे,

मुनासिब है यही, हवा, मौसम, चुप सा, हमारे लिए,

जब तक रहता हमारे बीच मौसम खुश गवार, सा, ये,

बहुत सी खामोशियों के मायने तो, पता ही नहीँ चलते,

आज देखा उन्हें चल रहे थे उदास खरामा खरामा,

मौसम का मिजाज था, वजह, जाने क्या ख्याल था,

~जयेश वर्मा

मौसम का मिजाज था, वजह, जाने क्या ख्याल था,

रोज़ की ज़िंदगी..

सिलसिले ज़िन्दगी के कुछ यूँ ही चलते रहे,

तज़ुर्बे ज़िन्दगी के थे, अच्छे बुरे होते रहे,

थम गया गर वो चलते, चलते, सैलाब था,

कितने मंज़र, बहा ले गया, उम्र भर के, लिये,

एक, लहर थी, जिसे कभी किनारा ना मिला,

भँवर थे बहुत, मेरा सब कुछ डुबोने के लिये,

सूरते हाल पे तेरे मेरे ज़िक्र से होता क्या है,

यूँ कपड़ो पे पड़ी धूल झडाने से होता क्या है,

रोज़ बकबक से अब तक हुआ क्या, हासिल,

ज़माने के हालात ज़माना अब भी वैसा ही, है,

रोज़ रोज़ की ज़िंदगी के, कुछ मंज़र अहम होते हैं,

बीत जाती है, ज़िन्दगी, फिर भी ये यादों में रहते हैं,

किस्से के हिस्से, कहानियों के, मर्म, ये, मंज़र, होते हैं,

ज़िन्दगी जब भी बयाँ होती, यही मुजस्सम होते हैं,

हम भी एक दिन, किसी की यादों का सिला होंगे,

ढूंढेगा हमे भी कोई, क़िस्सों, में, जाने हम कहां होंगे,

~जयेश वर्मा

दीवाली...

दीवाली...

आज रात, दीवाली, है,

वो अब भी बैठें हैं,

गाँव के हाट हों,

सड़कों के किनारे हों,

बस्तियों के, रात, दिन,

जागते, दौड़ते, हरकारे हैं,

आप तक सब कुछ पहुँचाते,

बेचते, छोटी, छोटी, चीजें,

बड़े मनोयोग से बनाई,

अपने सपनों के लिए,

जो अपनों के लिये संजोय हैं,

गाँव की मिट्टी से,

लक्ष्मी गणेश,

रंग बिरंगे खिलोने, हैं,

लाई, बताशा,

फूल माला, ओ फूल, हैं,

जो अब तक नहीं बिके,

रिश्तों के ये व्यापारी, मौन हैं,

खरीद लो, ये, रिश्ते, ये लक्ष्मी गणेश,

आज, पहुंचा दो उन तलक भी, उजाले,

जिनके उज्जास करने, के प्रयास हारें हैं ॅ,

आओ मनायें दीवाली, दूर करें, मन का तमस,

उजाले हो हर घर, दिशा, सबके, मन, रहें, सरस्,

दीपावली की हार्दिक शुभकामनाये,

~°जयेश वर्मा

एक सैनिक की आत्मा

सैनिक की आत्मा..

जाबांजो का जज्बा,

कभी खत्म होता नहीँ है,

ज़िन्दगी जब हारती है मौत से,

सैनिक शरीर, मरता नहीं, है,

असला शस्त्र छोड़ता नहीं है,

डालता नहीं है,

ज़िन्दगी शरीर छोड़ चुकी है,

मौत ले जा चुकी है,

दिमाग अब भी ढूंढता रहता है,

नया जज्बा, लड़ने का तरीका,

जिंदा है दिमाग़ देता है

शरीर को आदेश, मारो मारो मारो,

आंखे बंद हैं सर झुका है,

मग़र राइफल की नली,

दुश्मन की तरफ अब भी तनी है,

निश्चल शरीर सुनता है आदेश

और एक स्वचालित हथियार सी,

उंगली ट्रिगर पर दबती जाती हैं,

गोलियां चलती रहती है,

ज़िन्दगी मौत से हारी ज़रूर है,

शरीर मानता नहीं है,

दिमाग भी सो गया मगर,

हिंदुस्तान का जाबांज़,

शहीद होने के बाद भी लड़ता है,

लड़ता है, क्योंकि खून है हिंदुस्तानी,

माँ भारती के बेटों को

हर जन गण की सलामी,

हर जन गण की सलामी।।

~जयेश वर्मा

सुबह का सफर

सुबह का सफर..

वो रोज़ मिलती है मुझे, घूमते, सवेरे, सवेरे,

खुद ही हो लेती है, अंकलजी कह, साथ मेरे,

में एक मूक श्रोता, सुनता जाता, उसकी, ज़माने की बाते,

मेरी हाँ, हूँ को भी नहीं रुकती, कह जाती, कुछ, वैसी बातें,

खुद ही करती समाधान, मिले उत्तर उसे जैसे अनायास,

तब देखती मुझे, चाहती मुझसे, मूक, समर्थन, बिना बात,

कभी उसका कुछ समझ आता मुझे, तो वो,

मेरे फलसफे, उद्धरणों से, यूँ झुंझला जाती,

खत्म, हो जाती, बातें सभी, गहन, वो मौन, हो, जाती,

जाने क्या वो, सोचती, फिर, भी साथ, चलती जाती,

~जयेश वर्मा

शेर..

शेर...

आज फिर, वही वक़्त है, हम हैं, तुम हो, वही रात, है,

देखते गुज़री, कहते रहे, तुम हो में हूँ कुछ तो, बात है,

कोई अब भी धड़क रहा था ले के मुझको,

कोई अब भी यूँ जिये जा रहा था, मुझको,

में छोड़ आया था वहीँ, जो रात, बीते लम्हे,

वो है की अब भी जिये जा रहा था यूँ उन्हें,

~जयेश वर्मा

ये ज़िन्दगी..

ये ज़िन्दगी..

अपनी सफर ए जिंदगी में बहुत मुतमईन से हैं हम,

रात बताती रोज़ तन्हाइयों में कितने अकेले हैं हम,

वक़्त एक उसका भी एक उसूल था मेरा भी एक उसूल था,

वो मुझे पाकर भी खुश नही मैं उसे खोकर भी दुखी नहीं था,

बहुत हताश हूँ जिंदगी से साथी,

मौत का सबब अब भी है, बाकी,

मन्ज़िले भी, क्यों नही मिलतीं, यूँ, चलकर,

चले तो हम भी थे, अपना जनाज़ा लेकर,

~जयेश वर्मा

साथ...

साथ..

रहे, जिंदगी में,

तुम्हारा, साथ, जैसे,

लहरों की ताल, पे, नाचें

सूरज की किरणें,

चमकतीं रहे, हरदम...

तुम्हारे साथ..

अपनों का साथ..

रहे, सालों साल...

जीवन की डगर, पे..

चलते हैं मगर...

थके कदम...

सांस टूटे, अगर

बढ़ाना..

अपना हाथ....

देना मेरा साथ..

रहे, ज़िन्दगी, में, हमेशा,

तुम्हारा साथ, तुम्हारा साथ,

~जयेश वर्मा

हिसाब

हिसाब....

आज इस मोड़ पर,

ज़िन्दगी का हिसाब

ले के बैठा हूँ,

दरमियां रात, है,

सुबह का पता नही,

सुख को जोड़ा दुख को घटाया,

बाकी सिर्फ एकाकीपन रहा,

~जयेश वर्मा

रोज़ घर लौटना..

रोज़ घर लौटना..

थके हुए कदमों से सीढ़ियां चढ़ता हूँ,

कमरे में बंद रहती हैं सर्द हवाएं,

बिस्तर पर पड़ी हैं, सिलवटें,

औंधी तन्हाइयां,

तन्हाइयों को अगवा करे कोई,

ऐसी आहटें नहीं मिलती,

~जयेश वर्मा

समझौता..

समझौता..

कमबख्त इंतज़ार ही,

तो है बस मेरे हिस्से में,

जिसका कोई अंत नही,

मुझे कोई मलाल भी नहीं,

गाँठ ही तो पड़ गयी तेरे मेरे

रिश्ते की डोर में, जो,

टूटेगी शायद कभी नहीं,

मगर ये देगी एक एहसास,

एक रिश्ता, समझौता सा,

~जयेश वर्मा

मोहगांव..

मोह गांव..

रोज देखता हूँ,

छोटी सी जमी पे बनी झोपडी,

जिसके फूस के छप्पर से

रोज सुबह धुआँ निकलता है,

शाम का पता नहीं,

और जैसा कि होता है,

खटिया पर भुरेटा सा, आदमी सोता है,

छोटी सी मचिया पर बच्चा रोता है,

चुल्हे पर झुकी हुई आग से पसिजती,

वो चाय बनाती है, उसके बालों में राख है,

आँचल सम्हालती उसकी,

दुख में पगी हुई मुस्कुराहट को मैं, रोज़,

चाय सा पीता हूँ और चल देता हूँ,

अपनी मंज़िल की ओर...

~जयेश वर्मा

गंगा जमुनी..

गंगा जमुनी...

थिरकती है जब उंगलियां, साज पर,

रहमान या कृष्ण की।

तार नहीं पहचानते, भाषा धर्म की,

गूँजता है नादब्रम्ह ही ब्रम्हांड में,

कोई धर्म नहीं, आत्मा है,

राम, रहीम की,

बदल जाएं, तारीखियाँ कितनी ही,

जिंदा रहेगी, हिन्दोस्तान की

गंगा, जमुनी संस्कृती।

~जयेश वर्मा

रिश्ता

रिश्ता..

कुछ रिश्ते कहां, कै हैं, इतने पाकीज़ा, से, क्यूँ हैं,

लफ्जों में ये, बंधते नहीं दिल में ही, महफूज़, हैं,

नाहै, वो, शम्मा मेरी, ना मैं, उसका, परवाना कहूँ,

हरदम, थामा, एहसास सा, उसे, दोस्त, क्या कहूँ,

~जयेश वर्मा

मेरा गाँव..

मेरा गाँव...

क्यों मन जिद करता है...

जाने को तुमसे दूर..

बुलाता है मुझे, अब, भी...

वो, गाँव का सूरज......

पगडंडियों पर लेटी वो धूप..

आँचल सम्हालती..मुस्काती चन्दा....

जिससे मैं मिलने को आतुर...

क्यों मन जिद करता है..

जाने को तुमसे दूर...

क्यों मन कभी गाँव केआसमां में उड़ता,

कभी धरती को नापता, दौड़ दौड़,

क्यों भरता है कुलांचे, ये मन,

झील की लहरों को,

ताकता, एकटक,

कभी भगवत शरण में,

रमने की इक्षा,

कभी बुलाती, मुझे

गाँव के मंदिर की राम धुन,

मुझे शहर नहीं भाता,

गाँव ही बुलाता, हरदम,

इसलिए मन ज़िद करता,

जाने को तुमसे दूर..

~जयेश वर्मा

संवेदनायें..

संवेदनायें..

क्यों इतनी सर्द हैं संवेदनाए,

दिलों पर पड़ गया है पाला,

ठिठुर गयी है अंगुलिया सारी,

मौन है ये जग सारा का सारा,

क्यों रीते हैं मन, आपस मे, दग्ध है हृदय,

क्यों, मर, गयी हैं, सवेंदनाये, ऐंठे से हैं मन,

क्यों अपने ही, गुरुर में, ग़ाफ़िल हैं लोग,

क्यों वक़्त की चाल से, नावाकिफ हैं, लोग,

अरे, तारिखियों में एक दौर हमेशा ही, आता है,

जब मिट्टी का ये पुतला, मिट्टी में ही मिल जाता है,

~जयेश वर्मा

लोरियाँ...

लोरियां..

कहते हैं ऐसा, रात माँ की लोरियों को,

भगवान सुनने आते हैं,

सारी बलाएँ भाग जाती हैं,

नःन्हे, से बच्चे गोद मे सो जाते हैं,

हम बूढ़े तो हो गये, माँ नहीं, है,

अब उसकी बहुत याद आती है,

क्या भगवान आते हैं, अब,

जब, यादों में माँ लोरियां सुनाती है,

~जयेश वर्मा

ओ रब्बा मेरे...

ओ रब्बा मेरे.

ओ मेरे रब्बा कहां ले के चल दिया मुझे,

अपनों से भी यूँ, तो, अभी, नही मिला, में,

इब तू ले चला तो मुझे क्या होगा गिला,

मेरा अब कौन है, किसे है मेरा यहां पता,

उम्र ढलते ढलते, सबने ने रंग दिखा दिए,

उन सबका क्या करूँ गिला, कैसा गिला,

सब की, रखना खैर, उन्हें बक्श दे, मेरे, रब्बा,

~जयेश वर्मा

तुम्हारी चुप...

तुम्हारी चुप..

कब से एक चुप सी लगी है, कब तू बोलेगा,

अब भी एक आस लगी है, तू कभी, बोलेगा,

उनके, अश्को के लिये, जो रो रो, कर सो गये,

हमारे घाव अब भी हरे, जो सच बोलते, हुए,

आजकल, बेहया झूठ सो बार बोलो, बहुत फलता है,

सच बन्दूक लिए, गलियों में, ख़ुद को बचाने खड़ा है,

~जयेश वर्मा

रंग लाएगी हिना..

रंग लाएगी हिना..

ये जो गली गली, फिरते हैं, लिए आंखों में धुआं,

कभी हुजूम में कभी होते हैं, अकेले, कोंन हैं ये,

पेट होते है खाली, इनके, मन हैं, इतने क्यूँ, भरे

फिर फिर कर जगाते रहते हैं, ना जाने ये किसे,

मुद्दतों से जो सोया पड़ा, अभी तलक नहीं उठा,

इनकी ये धुन इनकी ये, लगन, रंग लाएगी हिना,

~जयेश वर्मा

नाती पोते

नाती पोते..

हम पहले दोस्त हैं उनके,

वो आखरी दोस्त हैं हमारे,

समय के साथ, वे भी ये मानेंगे,

हमारे दोस्त वो कितने अज़ीम,

कितने हैं, न्यारे,

नन्हे नन्हे, नाती पोते हमारे,

उनकी किलकारियों पे ही, तो, हमने,

अपने सारे दिन हैं, वारे,

नाती, पोतों से ही, हमारी ज़िंदगी,

ये ही हमारे आसमान के तारे हैं,

ये पल यूँ ही बने रहें,

हमारे पुण्यों के प्रतिफल,

हमें, जान से प्यारे हैं,

~जयेश वर्मा

खैरियत....

खैरियत..

नये साल की आमद भी,

हो गयी, ऐसा लगा,

सूरज, चाँद, सितारे फिर, मशगूल

हो गए, दिन रात, ऐसा लगा,

तमन्ना जो, थी बहुत उनकी दुआओं की,

वो भी मिली, ऐसा लगा,

इधर कुछ रोज़ से मशरूफ है,

हम दोनों, ऐसा लगा,

पूछ ही लूँ खैरियत उनकी,

आज सोच, ऐसा लगा,

कि, आया एक हवा का

तेज झोंका, पर्दा उड़ा, ऐसा लगा,

खिड़की पे वो चेहरा मुस्कुरा गया,

फिर सुकून सा, मुझे, ऐसा लगा,

मन ने ये कहा,

देरी ना हो रिश्तों में, ऐसा लगा,

निभाने के लिए, ज़रूरी है,

खैरियत, पूछते रहना, ऐसा लगा,

~जयेश वर्मा

ठंड...

ठंड...

आज ठंड बहुत है,

खिड़की से देख रहाँ हूँ,

नीचे हल्के धूप के तिकोने में,

एक बच्ची मेरी यादों की, सी,

गुड़िया से खेल रही है,

खटोले पे बैठी दादी, भी,

स्वेटर बुन रही हैं,

खेलते, खेलते, वो बच्ची, देखती,

कभी मुझे, सरसरी निगाहों से,

जैसे मेरा अतीत देख रहा, मुझे,

फिर खेल में मशरूफ हो जाती, वो,

धूप का तिकोना, बढ़ गया फैल गया,

में भी सोच रहा अगर माँ होती तो,

वो भी जोर शोर से,

रंग बिरंगे उनों में उलझी होती,

वो भी मेरे लिए स्वेटर बुन रही होती,

लगा में भी कहीं, फिर,

उलझने लगा,

धूप लगा तेज़ हो गई,

सर गरम होने लगा,

में खिड़की से हट गया,

बच्ची, दादी, मां, बुनते रहे,

मेरी यादोँ का स्वेटर,

रोज़ इसी तरह,

ठंड बढ़ती गयी,

में इसी तरह,

ज़िन्दगी की धूप देखता रहा,

~जयेश वर्मा

एकाकीपन और ठंड

ऐकाकीपन और ठंड

मन का एकाकीपन है जो परछाई सा,

पीछे पीछे चलता है,

चैन नहीँ कहीँ मुझको, यहीं कहीं वही,

वो साथ मेरे रहता है,

सुबह, बादे सबा, फूलों से महकता,

मन पुरसुकूँ सा होता है,

एकाकी एहसास फिर पत्तियों पे

ठहरी शबनम सा सोता है,

~जयेश वर्मा

लो फिर रात हो गयी, मेरी परछाई

फिर मुझे छोड़ गयी तन्हा,

खड़ा राह में देख रहाँ हूँ, हर शख़्श

तन्हा तन्हा में भी था तन्हा,

~जयेश वर्मा

फिर, थक, गई रात ठंड की, सफर खत्म ना था,

दिखा रहा था गिलास में चाय, वो रोक रहा था,

बाप बना रहा था, बेटा चाय, बाँट कांप रहा था,

सुड़का घूँट, सोच, इनका सफर भी खत्म ना था,

~जयेश वर्मा

शहर दर शहर भटकते रहे यूँ,

सरेराह लोंगो को देखते रहे,

गुज़रे आदम अज़नबी से,

हव्वा के चेहरे पहचाने से लगे थे,

~जयेश वर्मा

मार्मिक और ज़िंदा एहसास

मार्मिक,

देखता दोनो की व्यथा,

जन गण मेरा,

हिंदुस्तान का चांद मेरा

तुम दोनो मेरे ही अपने,

चाहे जाओ दूर ही कितने,

देखो देख रहा अब भी,

तेरे मेरे देश का चांद,

सुनता तुम दोनों की अरदास,

देता हमेशा तुमको आशीर्वाद,

तुमको वही तुम्हारा चाँद,

वही तुम्हारा हिंदुस्तान,

वही तुम्हारा हिंदुस्तान

~जयेश वर्मा

ज़िंदा एहसास..

चार दिन जिंदा रह के तो देखो।,

बहुत मजा आता है।

बिल्कुल मरा मरा सा नही लगता।

एक शोर बढ़ सा जाता है।

एक शंका सी लगी रहती है।

कि बस अब कुछ होने वाला है।

हां सतर्क रहना पड़ता है..हर पल..

कोई फेंक ना जाए मार कर..

अरे चार दिन जिंदा रह के तो देखो।

बहुत मजा आता है।

जीने का एहसास तो होता है

बहुत मजा आता है।

बिल्कुल मरा मरा सा नहीँ लगता।।

~जयेश वर्मा

सँस्कृति और शख़्सियत..,

गंगा जमुनी सँस्कृति...

थिरकती है जब उंगलियां, साज पर,

रहमान या कृष्ण की।

तार नहीं पहचानते, भाषा धर्म की,

गूँजता है नादब्रम्ह ही ब्रम्हांड में,

कोई धर्म नहीं, आत्मा है,

राम, रहीम की,

बदल जाएं, तारीखियाँ कितनी ही,

जिंदा रहेगी, हिन्दोस्तान की

गंगा, जमुनी संस्कृती।

~जयेश वर्मा

वो शख़्सियत...

सुख भोगना, आसान है, पुण्य का फल है।

सुख बाटना, अपनों से, सुख का चरम है।।

दुःख, सहना, कठिन है, कर्म का फल है।

दुःख बाटना, गैरों का, बन्दगी है, कठिन है,

ये, फितरत में नहीँ, किसी की, कम है।।

कुछ लोग, इस ज़माने में, अब भी हैँ, ऐसे।

जो सबके हैँ खैरख्वाह, जिन्हें सबकी क़दर है।।

में उनसे ज्यादा तो नहीँ मिला, फिर, भी,

मेरे दिल में, एक अक्स, नमूदार है, उनका, अभी भी,

अच्छा, अच्छा, सा लगता, है, देखता हूँ, उन्हें, कहीं भी।।

खुश रहें, आबाद रहें, हरपल,

निकलती हैँ, ये, दुआएँ, मुबारक, सदा,

~जयेश वर्मा

सुबह..

सुबह...

अब वक्त ही वक्त है शायरी करिए,

सुबह-सुबह ओस की बूंदे गिनिये,

भोर हुई, चल देता हूँ, लेकर, प्रभु का नाम,

ऊंघती सड़को पर, अब भी पसरी है धुन्ध,

फुनगियों पर उतर आई है सुबह की धूप,

फूलों, पत्तियों, पे अब भी जमीं है ओस की बूंद

ऊपर, पहाड़, पर, गूँजते है घण्टे घड़ियाल,

रास्ता कठिन है, फिर भी, दर्शन हो जाते हैं,

मंदिर में, सुबह, सुबह, राम, श्याम, कृष्ण, हनुमान,

~जयेश वर्मा